Power BI
Em 100 páginas

Aprenda os fundamentos de forma rápida e prática

crieeaprenda.com

Roger F. Silva

Roger F Silva

contact.createandlearn@gmail.com

crieeaprenda.com

Power BI version: 64-bit (Março 2025)

ISBN: 9781660481491

Sumário

Encontre mais livros da série 100 páginas, visite:

crieeaprenda.com

Painel Dashboard a ser criado.

Painel Dashboard a ser criado para telefone.

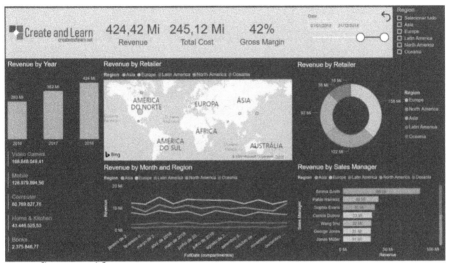

Desafio sugerido.

Prefácio

Olá,

Vivemos uma revolução na forma como consumimos e trabalhamos com dados e Power BI é parte dessa revolução, ajudando organizações a tomarem decisões acionáveis baseadas em dados.

Aprender como trabalhar com dados pode abrir novas e melhores oportunidades no mercado de trabalho, negócios e estudos. E a série **100 páginas** é uma excelente maneira de iniciar sua jornada de aprendizado.

*"Os livros da série **100 Páginas** utilizam uma estrutura descomplicada e de fácil assimilação transmitindo de forma rápida e prática os pontos mais importantes de cada assunto."*

Neste livro **Power BI em 100 páginas - Aprenda os fundamentos de forma rápida e prática**, você seguirá passo-a-passo as etapas para a construção de um Dashboard profissional enquanto se familiariza com tópicos importantes do Microsoft Power BI Desktop, uma ferramenta gratuita da Microsoft para Inteligência de Negócios e Ciência de Dados.

Você aprenderá como **instalar** o Power BI Desktop, **obter dados**, **modelar** seus dados, criar **colunas e medidas calculadas**, trabalhar com **recursos visuais** e **relatórios**, criar um **painel de vendas** (Dashboard) e **compartilhar** seu trabalho com outras pessoas.

Não entraremos em teorias profundas pois o objetivo é aproveitar ao máximo o tempo dedicado e aprender os fundamentos de forma rápida e prática em ao menos 100 páginas de conteúdo. Adicionalmente, links para **materiais complementares** gratuitos serão sugeridos caso você queira se aprofundar em um determinado assunto.

Espero que este material ajude a iniciar a sua jornada no mundo dos dados e desperte seu interesse em criar relatórios e painéis profissionais utilizando o Microsoft Power BI.

Divirta-se!

Roger F. Silva

Sydney, Austrália

contact.createandlearn@gmail.com
www.linkedin.com/in/roger-f-silva
crieeprenda.com

Capítulo **1**

Início

1.   Power BI e Inteligência de Negócios

O Power BI é um software de Inteligência de Negócios (Business Intelligence) que permite que os usuários obtenham dados de várias fontes, transformem os dados e criem relatórios, painéis e muitos tipos de visualizações. Em seguida, o usuário pode compartilhar esses relatórios com colegas e clientes em várias plataformas, como serviço do Power BI, SharePoint, sites e muito mais.

O principal objetivo do Business Intelligence é ajudar as pessoas e as empresas a tomar melhores decisões e, de acordo com a Wikipedia, Business Intelligence é um conjunto de metodologias, processos, arquiteturas e tecnologias que transformam dados brutos em informações significativas e úteis usadas para permitir estratégias mais eficazes, insights táticos e operacionais e tomada de decisões.

Até recentemente, as soluções de Business Intelligence eram voltadas para o BI de nível corporativo, com produtos complexos e dispendiosos, e a maioria era feita por profissionais de TI.

Atualmente, você pode encontrar uma variedade de soluções de BI de autoatendimento, e o Power BI é uma delas. Essas soluções permitem que vendedores, analistas, gerentes e uma variedade de profissionais obtenham dados, modelem os dados, criem visualizações e os compartilhem.

2.   Os produtos do Power BI

Segundo a Microsoft, Power BI é um conjunto de ferramentas de análise de negócios que fornece insights em toda a organização. Ele permite que você conecte centenas de fontes de dados, simplifique a preparação de dados e conduza análises. Você pode produzir relatórios bonitos e publicá-los para sua organização acessar na Web e em dispositivos móveis.

Power BI Desktop: Esta é a principal ferramenta usada neste livro. É uma solução gratuita instalada no computador que permite aos usuários conectar os dados, preparar e modelá-los, criar relatórios e executar análises avançadas.

* A versão do Power BI Desktop usada neste livro é de 64 bits de janeiro de 2020 (português).

Power BI Pro: permite ao usuário acessar todo o conteúdo do serviço do Power BI. O usuário acessará um portal online, onde é possível criar painéis, compartilhar com outros usuários e publicar na Web.

Power BI Premium: fornece recursos dedicados para executar o Power BI para organizações ou equipes. Proporciona maior volume de dados, desempenho aprimorado e distribuição mais ampla.

Microsoft Power BI para Celulares (Power BI Mobile): oferece aplicativos para dispositivos móveis. Com aplicativos móveis, os usuários podem se conectar e interagir com dados locais e na nuvem.

Power BI Embedded: integra os recursos visuais do Power BI em aplicativos personalizados. Essencialmente, ele permite que as empresas usem todos os recursos e visuais do Power BI, dentro de seus aplicativos, como se fossem nativos.

Servidor de Relatório do Power BI: é a solução para servidores locais com a flexibilidade de migrar para a nuvem quando precisar.

3.   O conjunto de dados - dataset

Este livro utiliza um conjunto de dados amigável de fácil leitura composto por quatro tabelas contendo as informações de vendas de uma empresa fictícia.

As tabelas contêm títulos e conteúdo em inglês, para que você possa publicar um Dashboard com apelo global, podendo ser compartilhado através da web.

Essas são as tabelas que você encontrará:

Sales: contém os principais dados de vendas em um intervalo de três anos.

Region: contém países e regiões onde a empresa opera.

SalesManager: contém os nomes do gerente de vendas por país.

Dates: contém datas e grupo de datas.

4. Instalando o Power BI Desktop

1. Para instalar o Power BI Desktop no seu computador, acesse o site do Microsoft Power BI. Atualmente, o endereço é **powerbi.com**, vá em **Products** (Produtos) e selecione Power BI, Desktop.

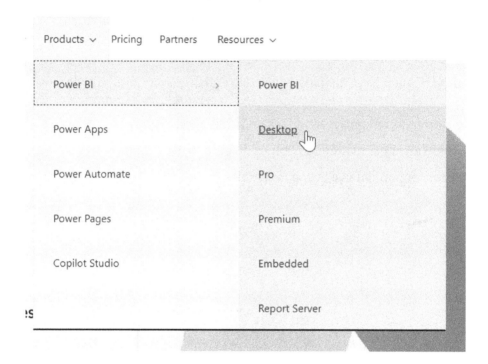

2. Outra opção é ir ao site Microsoft.com e busca por "Power BI".
Clique em **buscar** e digite e selecione **Power BI Desktop**.

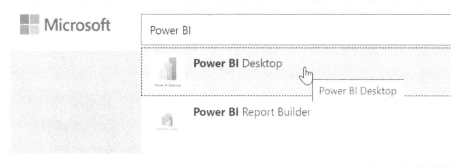

3. Este livro utilizará a versão em português do Power BI. Para alterar as opções de idioma clique em **Download options** (veja as opções de download ou idioma).

4. Em **Select Language** selecione a opção **Português (Brasil)** e clique em **Baixar**.

5. Se você estiver utilizando a versão do 64-bits do Windows selecione a opção **PBIDesktopSetup_x64.exe**, caso contrário selecione **PBIDesktopSetup.exe**. Em seguida clique em **Next**.

6. Aguarde o Download do arquivo e clique nele quando completo para iniciar a instalação.

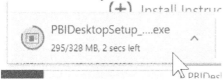

7. Quando a instalação iniciar selecione o idioma **Português (Brasil)** e clique em **Avançar**.

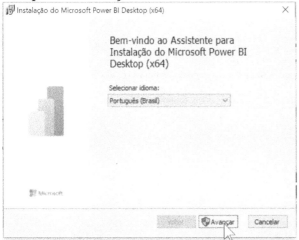

8. Clique em **Avançar** novamente.

9. Aceite os termos do Contrato e clique **Avançar.**

10. Selecione o local de instalação e clique em **Avançar.**

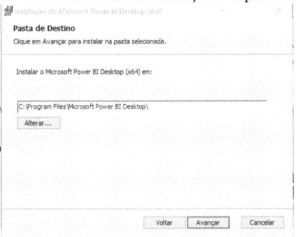

11. Caso novas telas com avisos apareçam clique em **Avançar** e em seguida clique em **Instalar**.

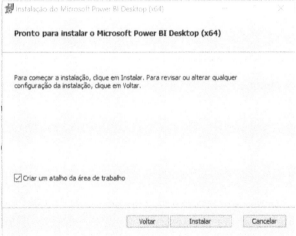

12. Quando a instalação estiver concluída selecione a opção **Inicie o Microsoft Power BI Desktop** e clique **Concluir**.

5. Iniciando o Power BI Desktop

1. Ao iniciar o Power BI, em algumas versões, uma tela de boas-vindas aparecerá. Clique no link **Já tem uma conta no Power BI? Entre.**

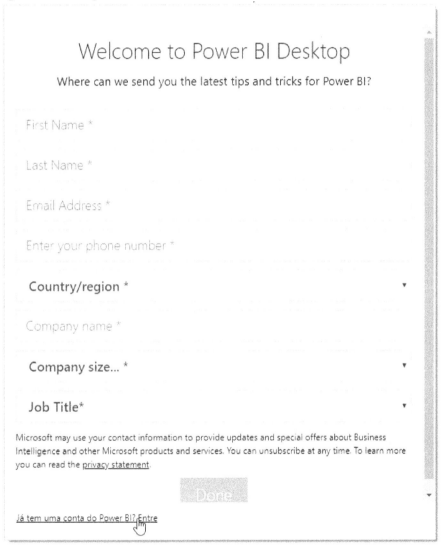

2. Para criar uma conta do Power BI você precisará fornecer um e-mail com endereço de um domínio **profissional ou educacional**, gmail e yahoo por exemplo não são aceitos. Caso você tenha um endereço de e-mail que não seja gratuito e queira criar uma conta do Power BI clique no link **Precisa de uma conta do Power BI? Experimente gratuitamente**.

Caso não tenha você pode fechar essa janela **clicando no x** e iniciar o Power BI Desktop. Lembre-se que sem uma conta você não poderá utilizar o Power BI Service que é a versão online do Power BI.

3. Na tela de abertura, clique em **Relatório em branco** para criar um arquivo novo.

No Power BI Desktop, você começará a criar relatórios na aba Exibição de **Relatório**. Você trabalhará em cinco áreas principais:

1- Faixa de Opções: *contém acesso para as principais tarefas relacionadas a relatórios e visualizações;*

2- Exibição de Relatório ou tela: *divido em* **Relatório**, **Tabela** *e* **Modelo**; *é onde as visualizações são criadas e organizadas; e dados são preparados;*

3- Guia Páginas: *permite administrar as páginas de relatório como alterar nomes, adicionar, excluir e ocultar;*

4- Painel Visualizações: *neste painel é possível criar e alterar visualizações, personalizar formatos, aplicar filtros, mover campos e mais;*

5- Painel Dados: *mostra os elementos que podem ser movidos para a exibição de* **Relatório** *ou para a área* **Filtros** *do painel Visualizações;*

Você pode recolher os painéis Filtros, Visualizações e Campos para fornecer mais espaço na exibição Relatório. Clique na pequena seta, conforme mostrado na imagem a seguir.

No painel **Visualizações** você encontrará o painel **Criar visual** onde os dados podem ser arrastados para abastecer os visuais. No painel **Formatar** é possível editar os visuais e alterar cores, títulos etc.

No canto superior-esquerdo encontra-se a faixa de opções com atalhos rápidos para você salvar o arquivo, desfazer ou refazer uma ação

A guia **Arquivo** permite você criar, salvar, exportar e configurar seu arquivo.

4. Na guia **Arquivo** clique em **Salvar**.

5. Nomeie o arquivo para **Crie e Aprenda PBI – Dashboard de Vendas** e clique **Salvar**.

6.   Obtendo dados

O Power BI Desktop pode ser conectado a muitos tipos de fontes de dados, incluindo bancos de dados locais, planilhas e dados em serviços em nuvem. O Power BI pode ainda extrair dados tabulares diretamente de uma URL.

1. Para baixar o arquivo com o conjunto de dados utilizado neste livro, visite o site **createandlearn.net/bifiles** clique no arquivo **SalesData.xlsx** para baixar o arquivo no seu computador.

Aproveite para salvar a imagem **Create and Learn**. Clique com o botão direito na imagem e selecione **Salvar Como** e salve a imagem em seu computador.

2. Volte ao Power BI Desktop. Na guia **Página Inicial** clique em **Obter Dados**.

3. No Power BI Desktop, há vários tipos de fontes de dados. Escolha a opção **Excel** e clique em **Conectar**.

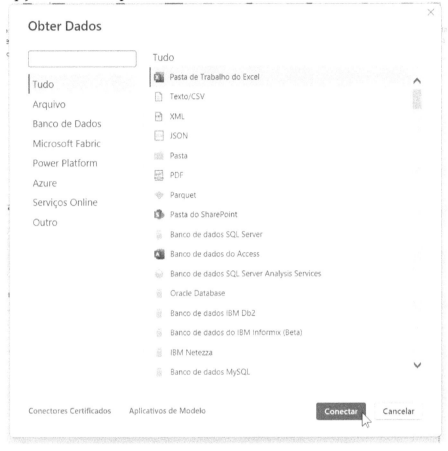

4. Selecione o arquivo baixado **SalesData.xlsx** e clique em **Abrir**.

5. A janela **Navegador** mostrará todas as tabelas disponíveis no arquivo SalesData que podem ser usadas. Selecione as quatro opções **Dates** (Datas), **Region** (Região), **Sales** (Vendas) e **SalesManager** (Gerente de Vendas) e clique em **Carregar**.

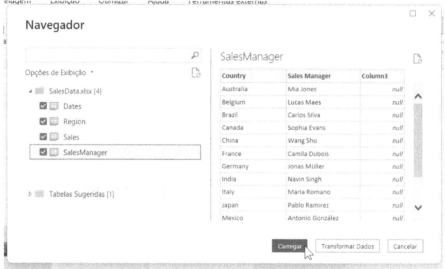

6. Selecione Exibição de **Relatório**.

7. Veja que todas as tabelas e campos do arquivo carregado estão disponíveis no painel **Dados**. Clique nas **setas** à esquerda dos títulos das tabelas para recolher ou expandir os campos

| Visualizações | » | Dados | » |

Formato da página

Pesquisar

> Informações da página

> Configurações de tela

> Tela de fundo

> Papel de parede

> Painel de filtros

> Cartões de filtro

Dados

Q Pesquisar

∨ ⊞ Dates
  > ☐ 🗓 FullDate
∨ ⊞ Region
  ☐ Column1
  ☐ Column2
∨ ⊞ Sales
  > ☐ 🗓 Date
  ☐ Order method type
  ☐ Σ Price
  ☐ Product line
  ☐ Product type
  ☐ Σ Quantity
  ☐ Retailer country
  ☐ Σ Revenue
  ☐ Σ Unit Cost
∨ ⊞ SalesManager   ⋯
  ☐ Column3
  ☐ Country
  ☐ Sales Manager

7.   Editar Consultas

Às vezes, quando você coleta dados, eles não estão estruturados ou limpos como você precisa. O Power BI Desktop inclui a ferramenta **Transformar Dados**, que ajuda a formatar e transformar seus dados para que eles estejam prontos para seus modelos e visualizações.

1. Selecione Exibição de Tabela.

2. No painel **Dados**, selecione a tabela **Region**.

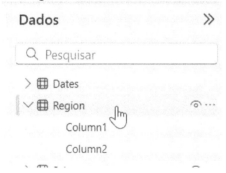

3. Observe que o Power BI não identificou o nome dos cabeçalhos **Country** e **Region**. No lugar foram inseridos os nomes Column1 e Column2.

4. Para corrigir os cabeçalhos vá na guia **Página Inicial** e clique em **Transformar dados**.

O Editor de Consultas do **Power Query** será aberto. Veja como a janela **Editar Consultas** é dividida.

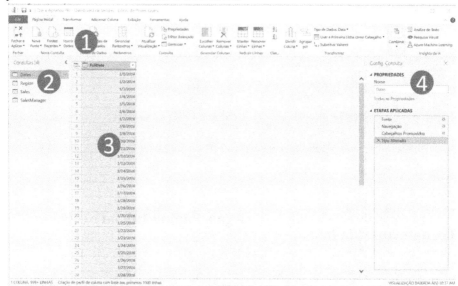

1- **Faixa de opções:** *contém os botões que permitem que você interaja com os dados na consulta.*

2- **Painel Consultas:** *mostra as consultas (uma para cada tabela ou entidade) que estão disponíveis para seleção, exibição e formatação.*

3- **Painel Central:** *exibe os dados da consulta.*

4- **Painel Configurações de Consulta:** *lista as propriedades da consulta e as etapas aplicadas.*

5. No painel **Consultas, s**elecione a tabela **Region**. Na guia **Página Inicial** clique em **Usar a Primeira Linha como Cabeçalho**.

6. Observe que os cabeçalhos das colunas foram alterados e este e todos os passos executados foram gravados no painel **Etapas Aplicadas** onde é possível remover, adicionar ou editar etapas.

7. O **Editor Avançado** é o local onde pode-se acessar e editar o código criado.

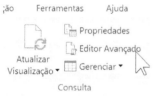

8. A edição deste código (linguagem M) vai além do escopo deste livro, mas é importante conhecer como Power BI trabalha com as etapas criadas. Clique **Concluído** para sair do editor.

9. Clique na Consulta **SalesManager** e selecione a coluna **Column3**.

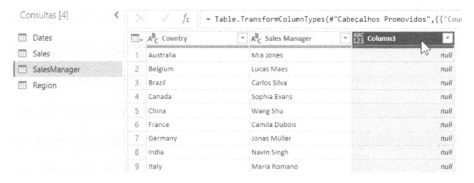

10. Essa é uma coluna indesejada. Clique com o botão direito sobre ela e escolha **Remover**.

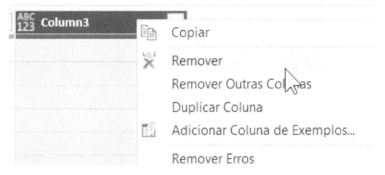

11. Note que uma nova etapa foi adicionada.

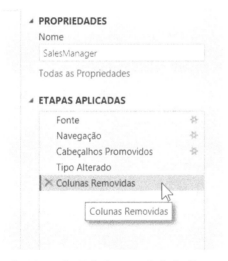

12. Na guia **Página Inicial** clique em **Fechar e Aplicar**.

8. Relacionamento entre tabelas

A exibição de Modelo no Power BI Desktop permite definir visualmente o relacionamento entre tabelas ou elementos.

1. Clique em Exibição de **Modelo**.

2. Na visualização de Modelo você poderá definir como as tabelas se relacionarão. Observe que um bloco representa cada tabela e suas colunas. Já as linhas conectoras representam relacionamentos.

Power BI tentará definir automaticamente esses relacionamentos, no exemplo abaixo ele relacionou as colunas **Country** das tabelas **Region** e **Sales Manager**. Nos passos seguintes você excluirá as relações existentes e criará novas relações.

3. Na guia Página Inicial, clique em **Gerenciar Relações**.

4. Selecione a relação ativa e clique em **Excluir**.

5. Confirme a exclusão.

6. Na janela Gerenciar Relações clique no botão **Novo relacionamento**

7. Para criar relacionamento basta informar quais tabelas e colunas serão utilizadas.

8. No bloco superior, selecione a tabela **Sales** e clique para marcar a coluna **Retailer country** (País do varejista).

9. No bloco inferior selecione a tabela **Region** e clique para marcar a coluna **Country.** Deixe a cardinalidade **Muitos para um (*:1)**, ou seja: haverá muitos registros de venda para cada região. Deixe a direção do filtro cruzado como **Único**. Clique **Salvar**.

10. Clique em **Novo relacionamento** para criar um relacionamento. No bloco superior, selecione a tabela **Sales** e clique para marcar a coluna **Retailer country**.

11. No bloco inferior selecione a tabela **SalesManager** e clique para marcar a coluna **Country.** Deixe a cardinalidade **Muitos para um (*:1)** e direção do filtro cruzado **Único**. Clique **Salvar**.

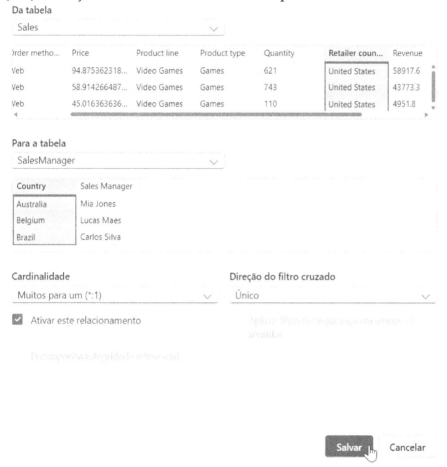

12. Crie um novo relacionamento. No bloco superior, selecione a tabela **Sales** e clique para marcar a coluna **Date**.

13. No bloco inferior selecione a tabela **Dates** e clique para marcar a coluna **FullDate.** Deixe a cardinalidade **Muitos para um (*:1)** e direção do filtro cruzado **Único**. Clique **Salvar**.

14. Após criar as três relações feche a janela.

15. Os relacionamentos criados são mostrados pelas linhas. Você pode arrastar os blocos para melhorar a visualização. As setas indicarão a direção do filtro. O número 1 e *, mostram a cardinalidade.

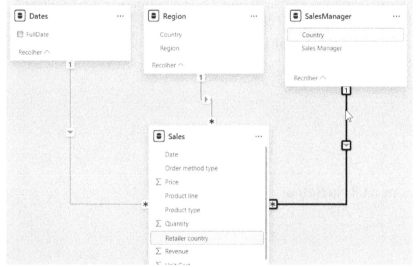

16. Clique em **salvar**.

Amplie seu conhecimento: Caso você queira entender melhor como funciona os relacionamentos entre tabelas leia o artigo deste link: createandlearn.net/post/relacoespbi

9. Formatação de dados

A formatação de dados ajuda em uma melhor comunicação. No Power BI formatar dados pode ser rápido e intuitivo.

1. Clique em Exibição de **Tabela**.

2. Selecione a tabela **Sales**.

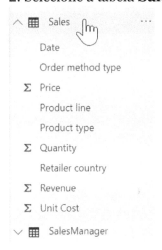

3. Clique no cabeçalho **Price** para selecionar a coluna.

Date	Quantity	Price	Revenue	Unit Cost
sexta-feira, 1 de janeiro de 2016	621	94,8753623188406	58917,6	49,1928753623188
sexta-feira, 1 de janeiro de 2016	743	58,914266487214	43773,3	32,5501322341857
sexta-feira, 1 de janeiro de 2016	110	45,0163636363636	4951,8	25,25418
sábado, 2 de janeiro de 2016	26	131,642307692308	3422,7	79,4461326923077
segunda-feira, 4 de janeiro de 2016	115	132,32347826087	15217,2	80,9819686956522
terça-feira, 5 de janeiro de 2016	484	58,8979338842975	28506,6	35,044270661157
quarta-feira, 6 de janeiro de 2016	33	103,336363636364	3410,1	65,8769318181818

4. Na guia **Ferramentas de Coluna** clique em **Separador de milhares** e insira o número **2** para definir as casas decimais.

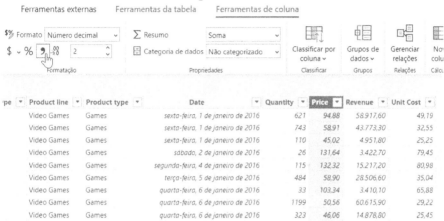

5. Faça as mesmas modificações nas colunas **Revenue** e **Unit Cost**.

6. Selecione a coluna **Date**.

7. Na guia **Ferramentas de Coluna** clique em **Formato** e selecione formato **dd/MM/yyyy**.

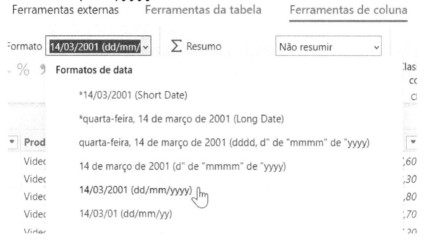

8. Veja o resultado final.

ne	Product type	Date	Quantity	Price	Revenue	Unit Cost
1es	Games	01/01/2016	621	94,88	58.917,60	49,19
1es	Games	01/01/2016	743	58,91	43.773,30	32,55
1es	Games	01/01/2016	110	45,02	4.951,80	25,25
1es	Games	02/01/2016	26	131,64	3.422,70	79,45
1es	Games	04/01/2016	115	132,32	15.217,20	80,98
1es	Games	05/01/2016	484	58,90	28.506,60	35,04
1es	Games	06/01/2016	33	103,34	3.410,10	65,88
1es	Games	06/01/2016	1199	50,56	60.615,90	29,22
1es	Games	06/01/2016	323	46,06	14.878,80	25,45

10. Utilizando DAX

DAX significa **Data Analysis Expressions**, e é a linguagem de fórmula usada no Power BI. Há dois cálculos principais que podem ser criados usando o DAX: as **colunas calculadas** e **medidas calculadas**.

Colunas calculadas permitem que você transforme dois ou mais elementos de um dado existente para criar uma **nova coluna** com dados que a tabela original não possuía.

1. Ainda na tabela Sales. Clique em **Nova Coluna**. Essa ação criará uma coluna calculada. Caso apareça uma mensagem sobre vírgulas ou outro aviso do Power BI, clique em Ignorar.

2. A barra de fórmulas será ativada e você poderá adicionar a fórmula da nova coluna.

3. Observe que ao digitar a fórmula o Power BI fornecerá sugestões que ajudam a escrever a fórmula mais rápido e evitar erros.

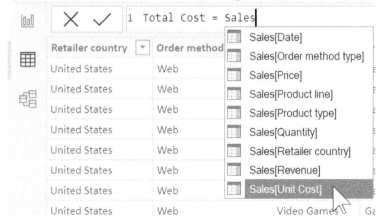

4. Para criar a coluna de custo total digite:

Total Cost = Sales[Unit Cost] * Sales[Quantity]

Pressione **Enter** para finalizar.

Veja o detalhe dessa fórmula:

5. Na guia **Ferramentas de coluna** clique em **Nova Coluna**. Para criar a coluna de resultado bruto digite:

Gross Result = Sales[Revenue] - Sales[Total Cost]

Pressione **Enter** para finalizar.

Price	Revenue	Unit Cost	Total Cost	Gross Result
1 94,88	58.917,60	49,19	30548,7756	28368,8244
3 58,91	43.773,30	32,55	24184,74825	19588,55175
7 45,02	4.951,80	25,25	2777,9598	2173,8402

`1  Gross Result = Sales[Revenue] - Sales[Total Cost]`

6. As novas colunas estarão disponíveis no painel **Dados**.

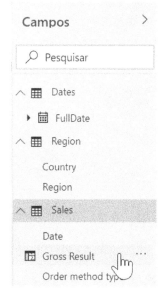

7. No painel **Dados**, selecione a tabela **Dates**.

8. Clique em **Nova Coluna**.

9. Para criar a coluna com o número correspondente a cada mês digite:

Month Number = Month(Dates[FullDate])

Pressione **Enter** para finalizar.

10. Clique em **Nova Coluna**.

11. Para criar a coluna contendo somente o ano digite:

Year = Year(Dates[FullDate])

Pressione **Enter** para finalizar.

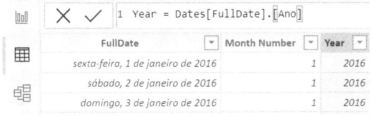

12. Clique em **Nova Coluna**. Em alguns lugares o ano financeiro inicia em julho e acaba em junho, para criar essa coluna digite:

FY = IF(MONTH(Dates[FullDate])>6,   YEAR(Dates[FullDate])+1, YEAR(Dates[FullDate]))

Pressione **Enter** para finalizar.

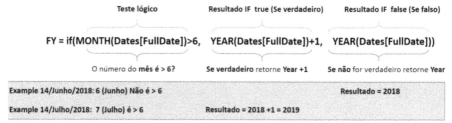

Veja o detalhe dessa fórmula:

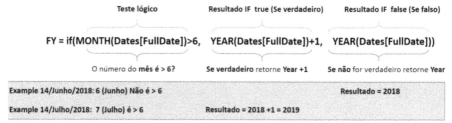

13. Veja o resultado:

FullDate	Month Number	Year	FY
sexta-feira, 1 de janeiro de 2016	1	2016	2016
sábado, 2 de janeiro de 2016	1	2016	2016
domingo, 3 de janeiro de 2016	1	2016	2016
segunda-feira, 4 de janeiro de 2016	1	2016	2016
terça-feira, 5 de janeiro de 2016	1	2016	2016

14. No painel **Dados**, selecione a tabela **Sales**.

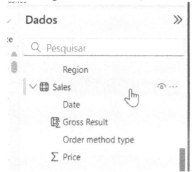

15. Clique em Nova **Medida**.

As **medidas calculadas** são calculadas conforme você interage com seus relatórios. Elas não são armazenadas nas tabelas e são úteis quando há necessidade de calcular percentuais, taxas ou agregações complexas.

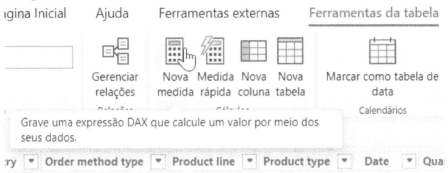

16. Para criar uma medida que forneça o resultado bruto digite:

Gross Result m = sum(Sales[Revenue])-sum(Sales[Total Cost])

Pressione **Enter** para finalizar.

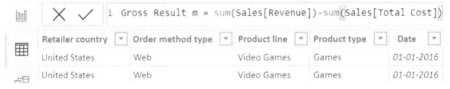

17. Clique novamente em **Nova Medida**.

18. Para criar uma medida que forneça a margem bruta (%) digite:

Gross Margin = (sum(Sales[Revenue])- sum(Sales[Total Cost])) / sum(Sales[Revenue])

Amplie seu conhecimento: *Embora os conceitos iniciais do DAX são descomplicados, o DAX pode ser usado de forma avançada e caso você queira expandir seu conhecimento em DAX leia o artigo deste link:* createandlearn.net/post/daxbasico

Capítulo 2

Dashboard de Vendas

11. Preparar o Relatório

Power BI Desktop que você crie inúmeras páginas de relatórios utilizando visuais padrões ou customizados. Você pode mover as visualizações, copiar e colar, mesclar e assim por diante. E o resultado pode ser salvo localmente ou na nuvem.

Neste capítulo você irá utilizar os dados preparados para construir um dashboard de vendas.

1. Clique na exibição de **Relatório**.

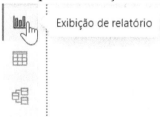

2. Na guia de página clique com o botão direito sobre a guia **Página1** e selecione **Renomear Página**.

3. Digite o novo nome **Dashboard de Vendas**.

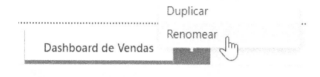

4. Na guia **Exibição**, em **Temas** selecione **Clássico**.

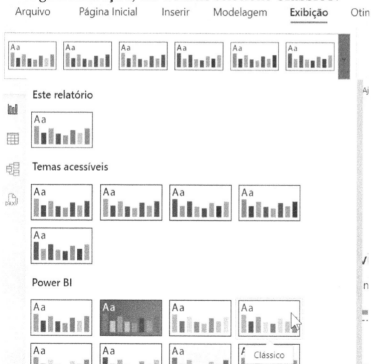

5. Selecione o painel **Formatar** para formatar a página.

6. No grupo **Configurações da tela** selecione **16:9**. No grupo **Pape de parede** altere a cor para **Branco 10% mais escuro** e Transparência **60%**.

12. Inserir Imagem

Você pode adicionar imagens para serem utilizadas como logo, barras, fundos, botões e definir links para uma página na internet ou ações dentro do Power BI.

Neste painel a imagem incluída será de um logotipo com link para uma página na web.

Para salvar a imagem visite a página createandlearn.net/bifiles , clique com o botão direito sobre a imagem e selecione **Salvar imagem como**. Selecione o destino e clique **OK**

1. Na guia **Inserir** clique em **Imagem**.

2. Selecione a imagem salva e clique em **Abrir**.

3. Com a imagem selecionada, no painel **Formatar imagem**, vá em **Geral** e ative o **Tela de fundo**. Selecione a cor **branca** e transparência **0%**.

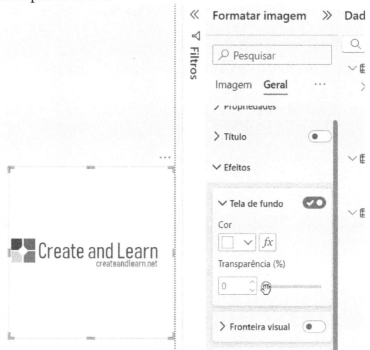

4. No grupo **Geral, Propriedades** altere Posição Horizontal para **5**, Posição Vertical para **6**, Largura para **274** e Altura para **142**.

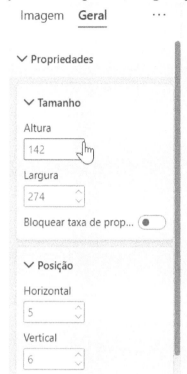

5. No grupo **Imagem a,** ative o grupo **Ação** e selecione tipo **URL da Web** e insira o endereço **https://createandlearn.net/pt**

6. Para acessar a url da web segure **CTRL** e **clique** no logo.

13. Cartões

Um número único pode ser a coisa mais importante que você deseja acompanhar no dashboard ou relatório do Power BI, como receita total, total de pacientes etc. No Power BI essa visualização é chamada cartão.

Neste painel serão criados três cartões que mostrarão a receita (revenue), custo total (total cost) e a margem bruta (gross margin).

1. Pressione **Esc** no teclado ou clique na área em branco do painel para desmarcar qualquer item selecionado.

2. No painel **Visualizações**, selecione **Cartão**.

3. Power BI criará um repositório em branco onde você deverá adicionar campos para gerar as visualizações. No painel **Dados** arraste o campo **Revenue** para dentro componente **Campos** onde se lê: *Adicionar os campos de dados aqui.*

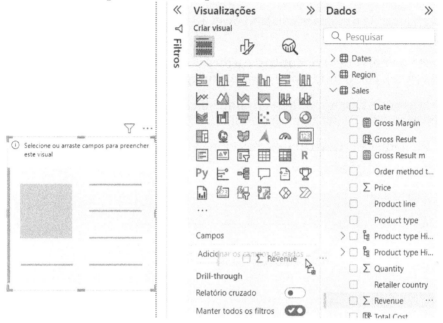

4. Observe que a tabela Sales e o campo **Revenue** ficaram ativados e os dados agora estão aparecendo no cartão.

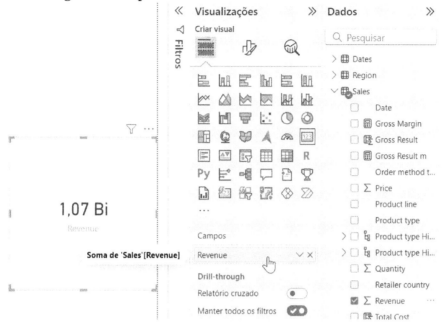

5. No painel **Formatar** clique em **Geral**. Ative o grupo **Tela de fundo**. Selecione a cor **branca** e transparência **0%**.

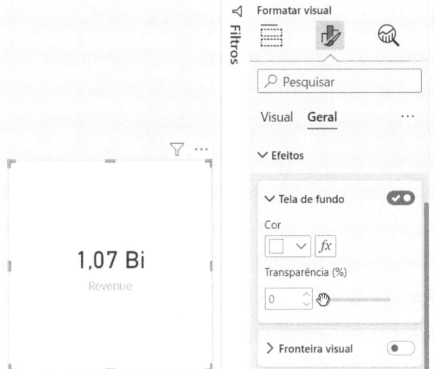

6. No grupo **Geral** altere Posição Horizontal para **284**, Posição Vertical para **6**, Largura para **182** e Altura para **142**.

7. No painel **Formatar** acesse o grupo **Visual**, **Valor do balão**, altere o **Tamanho do texto** para **27 pt** e casas decimais para 2.

8. Com o cartão selecionado, clique em **Copiar**.

9. Clique duas vezes em **Colar** para ter três cartões no seu painel. Arraste eles para ficarem horizontalmente alinhados.

10. Selecione o segundo cartão e substitua o campo **Revenue** por **Total Cost**. Para fazer isso basta mover o campo **Total Cost** para dentro do componente **Campos**. Power BI substituirá o campo antigo pelo novo.

11. No painel Formatar acesse o grupo **Geral** e altere Posição Horizontal para **470**, Posição Vertical para **6**, Largura para **182** e Altura para **142**.

12. Selecione o terceiro cartão e substitua **Revenue** por **Gross Margin**.

13. No grupo **Geral** altere Posição Horizontal para **657**, Posição Vertical para **6**, Largura para **182** e Altura para **142**.

14. Selecione o campo **Gross Margin** no painel **Campos**.

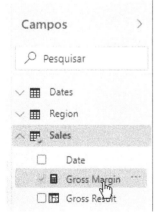

15. Para alterar o formato, selecione a guia **Ferramentas de medida** e clique em **Formato de Percentual** e altere a quantidade de casas decimais par a **0**.

16. Veja o resultado do Dashboard.

14. Segmentação de dados

A Segmentação de dados é uma maneira de filtrar parte do conjunto de dados mostrada nas visualizações em um relatório como uma específica data, país ou vendedor.

Neste painel os filtros serão criados para data (**date**) e região (**region**).

1. Pressione **Esc** no teclado ou clique na área em branco do painel para desmarcar qualquer item selecionado.

2. Na guia **inserir** selecione **Formas** e clique em **Retângulo**.

3. No painel **Formatar forma**, grupo **Linha** altere **Peso** para 0.

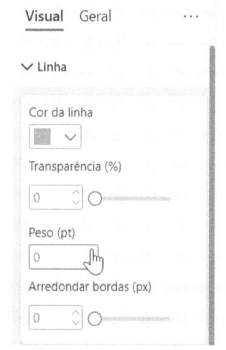

4. Ative o grupo **Preencher**. Selecione a cor **branca** e transparência **0%**.

5. No grupo **Geral** altere Posição Horizontal para **845**, Posição Vertical para **6**, Largura para **428** e Altura para **142**. Desative a opção **Cabeçalho de segmentação de dados**.

6. Pressione **Esc** no teclado ou clique na área em branco do painel para desmarcar qualquer item selecionado.

7. No painel Visualizações, selecione Segmentação de Dados.

8. Mova o campo **Date** para dentro do componente **Campo.**

9. No grupo **Geral** altere Posição Horizontal para **862**, Posição Vertical para **39**, Largura para **258** e Altura para **90**. Ative **Tela de fundo** e selecione cor **branca** e transparência **0%.**

10. Pressione **Esc** no teclado ou clique na área em branco do painel para desmarcar qualquer item selecionado.

11. No painel **Visualizações**, selecione novamente **Segmentação de Dados** e mova o campo **Region** para dentro do componente **Campo.**

12. No grupo **Geral** altere Posição Vertical para **7**, Largura para **145**, Altura para **140 e** Posição Horizontal para **1126** (Deixe a Posição Horizontal por último).

13. Ative o grupo **Tela de fundo**. Selecione a cor **branca** e transparência **0%**.

14. No grupo **Formatar**, **Visual**, vá em **Configurações da segmentação** e ative a opção Mostrar a opção "Selecionar tudo".

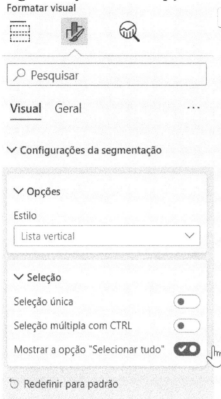

15. Veja o resultado abaixo.

15. Gráfico de Colunas Clusterizado

Neste painel o gráfico de barras deverá mostrar a receita total por ano, e como ele mostrará todos os anos, o mesmo não poderá ser afetado pelo filtro de data (date).

1. Pressione **Esc** no teclado ou clique na área em branco do painel para desmarcar qualquer item selecionado.

2. No painel **Visualizações**, selecione **Gráfico de colunas clusterizado**. Mova o campo **Year** para o componente **Eixo X** e o campo **Revenue** para o componente **Eixo Y**.

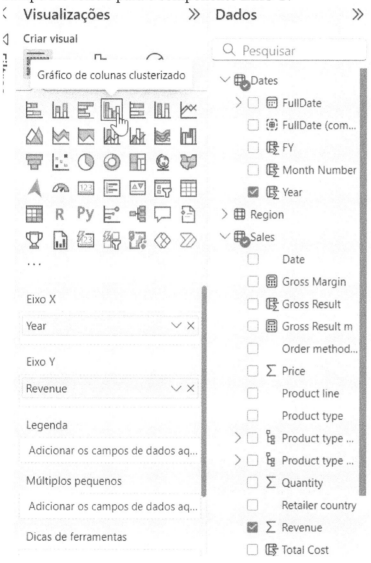

3. No painel Formatar acesse o grupo **Geral** altere Posição Horizontal para **4**, Posição Vertical para **152**, Largura para **274** e Altura para **287**. Em seguida desative o grupo **Eixo Y**.

4. Desative a opção **Linhas de Grade.** Desative as opções do **Eixo Y.**

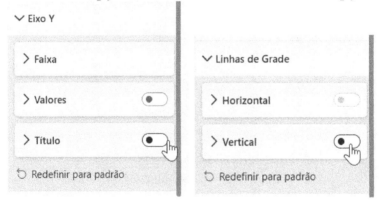

5. Na opção **Eixo X** desative o **Título**.

6. Ative o grupo **Rótulo de Dados**, altere **Exibir unidades** para **Milhão** e altere as **Casas decimais do valor** para **0** (digite o número zero).

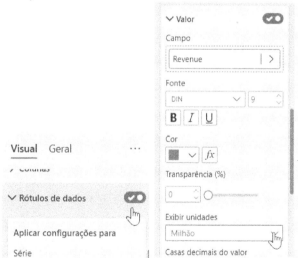

7. Em **Colunas** altere a **Cor padrão** para **Preto, 40% mais claro**.

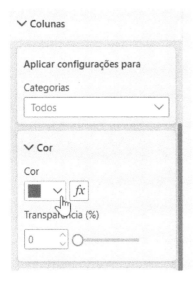

8. No grupo **Geral**, Ative a **Tela de fundo**. Selecione a cor **branca** e transparência **0%**.

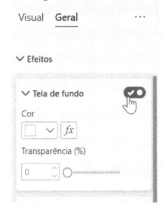

9. No grupo título altere o **Texto do título** para **Revenue by Year** (Receita por Ano).

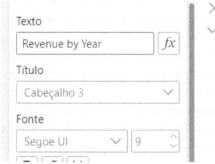

10. Veja o resultado.

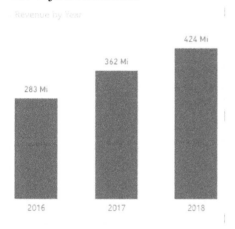

16. Editar Interações

No Power BI é possível definir quais visuais serão afetados por um determinado filtro. Veja abaixo como editar a interação entre o filtro **Date** e o visual **Revenue by Year**.

1. Altere as datas do filtro para período de **01/01/2018** à **31/12/2018**.

2. Observe que os elementos do Dashboard mostram os dados referentes ao período selecionado. Porém no gráfico **Revenue by Year**, todos os anos deveriam aparecer.

3. Selecione o filtro de datas.

4. Na guia **Formato** clique em **Editar interações**.

5. Com o filtro selecionado. Vá ao gráfico **Revenue by Year** ative a interação **Nenhum**. Observe que agora o filtro de data não tem **nenhum** efeito sobre o gráfico de colunas.

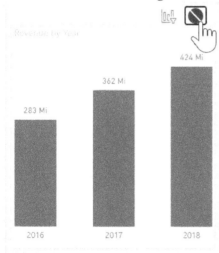

6. Clique novamente em **Editar interações** para desativar.

17. Gráfico de Linhas

Neste painel o gráfico de linhas deverá mostrar o total de receita (revenue) por mês e por região (region).

1. Pressione **Esc** no teclado ou clique na área em branco do painel para desmarcar qualquer item selecionado.

2. No painel **Visualizações**, selecione **Gráfico de Linhas**. Mova o campo **FullDate** para o componente **Eixo X**, o campo **Region** para o componente **Legenda** e o campo **Revenue** para o componente **Eixo Y.**

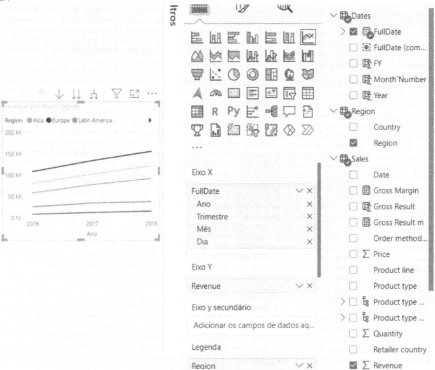

3. No painel **Formatar** acesse o grupo **Eixo X** altere o **Tipo** para **Categórico**. Observe que agora é possível ver todas as categorias das datas.

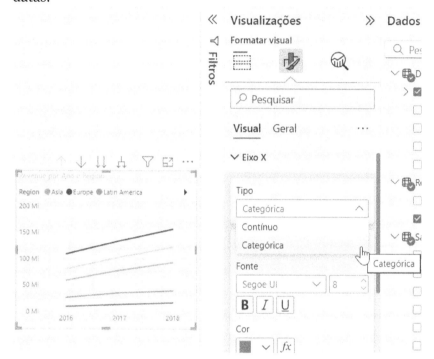

4. No componente **Eixo** clique nas opões do campo **FullDate** e selecione a opção **FullDate** (dentro da lista) e em seguida selecione a opção **Novo Grupo**.

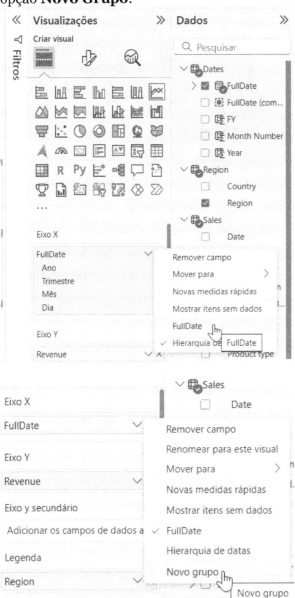

5. Para criar grupos de 1 mês, selecione o Tipo de grupo **Compartimento**, e o Tamanho do compartimento **1 Meses**. Clique **OK.**

6. No painel **Formatar** clique em **Geral** e ative o grupo **Tela de fundo**. Selecione a cor **branca** e transparência **0%**.

7. No grupo **Título** altere o **Texto do título** para **Revenue by Month and Region** (Receita por mês e região).

8. No grupo **Geral** altere Posição Horizontal para **5**, Posição Vertical para **444**, Largura para **834** e Altura para **270**.

9. Veja o resultado do Dashboard.

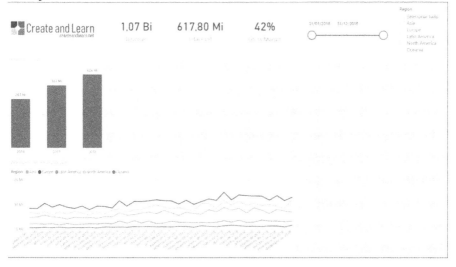

18. Mapa

Neste painel o mapa deverá mostrar a receita por país (retailer country), colorido por região (region) e o tamanho da bolha será proporcional à receita (revenue).

1. Pressione **Esc** no teclado ou clique na área em branco do painel para desmarcar qualquer item selecionado.

2. No painel **Visualizações**, selecione **Mapa**.

Caso você veja uma mensagem dizendo que o mapa está desabilitado. Basta ativá-lo em **Opções e configurações, Opções, Global, Segurança,** ative a opção **Usar visuais de Mapa**

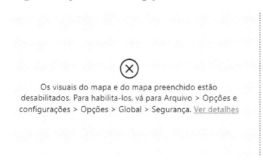

Os visuais do mapa e do mapa preenchido estão desabilitados. Para habilita-los, vá para Arquivo > Opções e configurações > Opções > Global > Segurança. Ver detalhes

Opções

GLOBAL

Carregamento de Dados

Editor do Power Query

DirectQuery

Script R

Scripts do Python

Segurança

Privacidade

Configurações regionais

Atualizações

Dados de Uso

Diagnósticos

Recursos de visualização

Salvar e Recuperar

Configurações do relatório

Moderado ▾

Extensões de Dados

⦿ (Recomendado) Permitir apenas o carregamento de extensões certificadas pela Micr

○ (Não Recomendado) Permitir que qualquer extensão seja carregada sem validação r

Saiba mais sobre extensões de dados

Visuais personalizados

☑ Mostrar aviso de segurança ao adicionar um visual personalizado a um relatório

ArcGIS for Power BI

☑ Usar o ArcGIS for Power BI

Mapa e visuais de Mapa Preenchido

☑ Usar visuais de Mapa e Mapa Preenchido

3. Mova o campo **Retailer country** para o componente **Localização**. Mova o campo **Region** para o componente **Legenda** e o campo **Revenue** para o componente **Tamanho**.

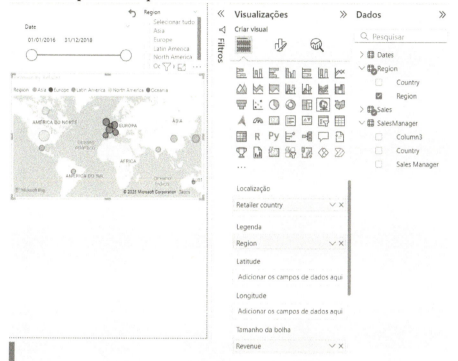

4. No painel Formatar acesse o grupo **Geral** altere Posição Horizontal para **284**, Posição Vertical para **152**, Largura para **555** e Altura para **287**.

5. No grupo **Visual, Estilo** mude o **Estilo** para **Claro**.

6. Ative o grupo **Tela de fundo**. Selecione a cor **branca** e transparência **0%**.

7. No grupo **Título** altere o **Texto do Título** para **Revenue by Retailer**.

8. Veja o resultado do Dashboard.

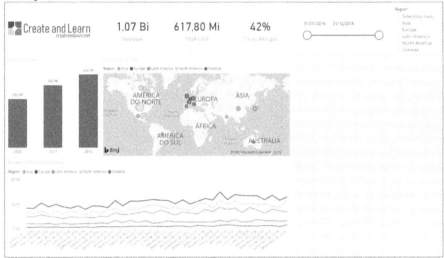

19. Gráfico de Barras Empilhadas

Neste painel o gráfico de barras deverá mostrar o total de receita (revenue) por vendedor (sales manager), país (country) e linha de produto (product line), coloridos por região (region).

1. Pressione Esc no teclado ou clique na área em branco do painel para desmarcar qualquer item selecionado.

2. No painel Visualizações, selecione Gráfico de Barras Empilhadas. Mova os campos **Sales Manager, Country e Product Line** para o componente **Eixo**. Mova o campo **Region** para o componente **Legenda**. Mova o campo R**evenue** para o componente **Valores.**

3. No painel Formatar ative o grupo **Tela de fundo**. Selecione a cor **branca** e transparência **0%**.

4. Ative a opção **Rótulo de Dados** e altere o **Texto do título** para **Revenue by Sales Manager.**

5. No grupo **Geral** altere Posição Horizontal para **845**, Posição Vertical para **153**, Largura para **428** e Altura para **561**.

6. Para visualizar o próximo nível (country) clique em **Ir para o próximo nível na hierarquia**.

7. Para retornar ao primeiro nível (sales manager) clique em **Fazer drill up**.

8. Veja o resultado do Dashboard.

20. Indicadores – Bookmarks

Se você precisar "tirar uma foto" dos seus relatórios com filtros e estados de visuais específicos você precisará utilizar a opção Indicadores (Bookmarks).

Você pode criar uma coleção de indicadores diferentes e utilizá-los para contar uma história ou no caso deste painel, reiniciar os filtros ao estado original.

1. Na guia **Exibição** clique em **Indicadores**.

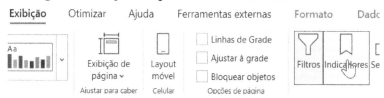

2. No painel **indicadores** clique em **Adicionar.**

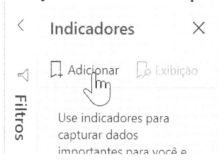

3. Clique duas vezes no nome **Indicador 1** e digite o novo nome **Filtro Original**. Este indicador guardará o estado atual do seu painel.

4. Na guia **Inserir** em **Botões** e selecione o botão **Redefinir**.

5. Como o botão selecionado. No painel **Visualizações** acesse o grupo **Geral** e altere Posição Horizontal para **1092**, Posição Vertical para **12**, Largura para **40** e Altura para **40**.

6. Ative o grupo **Ação** e selecione tipo **Indicador** e **Filtro Original** (este é o indicador que você acabou de criar).

7. Altere os filtros de data e região e em seguida reinicie os filtros clicando no novo botão. Segure a tecla **Ctrl** e **clique** no botão.

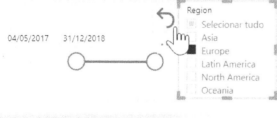

CTRL+clique aqui para seguir link

8. Feche o painel **Indicadores**.

9. O Dashboard final deverá ser parecido com a seguinte imagem.

Capítulo 3

Visual Personalizado

No Power BI Desktop você não está limitado aos visuais padrões instalados. Ao criar uma conta gratuita, você terá acesso a dezenas de visuais customizados através do **marketplace**.

1. No painel **Visualizações**, selecione **Obter mais visuais**.

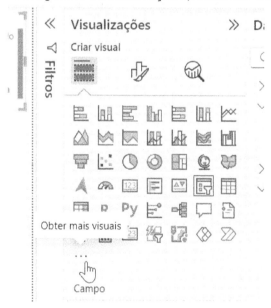

2. Você precisará utilizar sua conta do Power BI para acessar o Market Place.

3. Dentro do Marketplace existem muitas opões de visuais e para usá-las basta clicar em **Adicionar**. Neste exemplo foi adicionado o Radar Chart (Gráfico de radar ou teia)

4. Ao adicionar um novo visual ele estará disponível no painel **Visualizações**.

Capítulo 4

Layout de Telefone

Você pode criar uma exibição personalizada de um painel para ser utilizado em telefones.

1. Na guia Exibição clique em **Layout Móvel**.

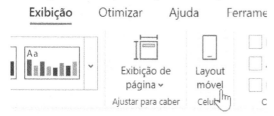

2. Para construir o dashboard mova os visuais já criado à direita para dentro do layout do telefone.

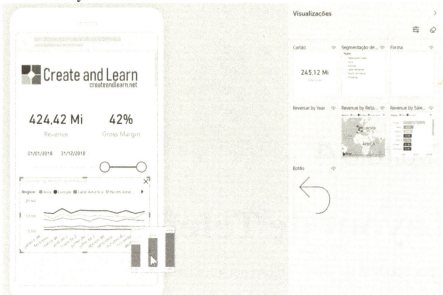

3. Para voltar para a área de trabalho clique em **Layout Móvel**.

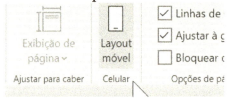

Capítulo 5

Publicar no Power BI Service (Web)

O Power BI Service é chamado também de Power BI online. Em um fluxo de trabalho típico você começa criando um relatório no Power BI Desktop e publica-o no Power BI Service onde será possível compartilhar com sua organização (versão Power BI Pro) ou compartilhar para o público em websites e mídias sociais.

Embora o foco deste livro seja no Power BI desktop nosso trabalho não estaria completo sem ao menos um breve tour pelo Power BI Service.

1. Na guia **Página Inicial** clique em **Publicar**.

2. Para publicar no Power BI Service você precisará entrar na sua conta do Power BI.

3. Selecione o destino **Meu workspace** (você poderá criar novos workplaces no Power BI Service) e clique no botão **Selecionar**.

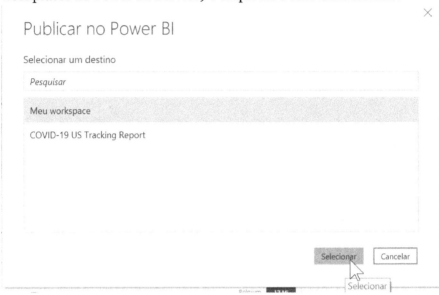

4. Power BI Desktop irá publicar o seu arquivo. **Importante:** Se você estiver utilizando uma conta gratuita, seus relatórios compartilhados serão acessíveis para o público geral. Para compartilhar somente com sua organização você precisará criar uma conta no **Power Bi Pro** ou **Premium**.

5. Quando concluído clique no link **Abrir 'Crie e Aprenda PBI –
Dashboard de Vendas.pbix' no Power BI** ou acesse o Power BI
Service através do link https://app.powerbi.com/

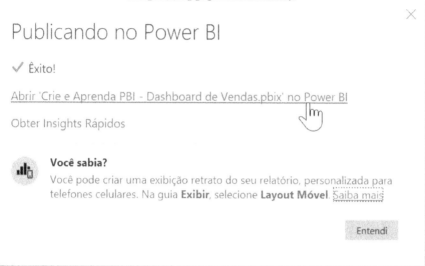

6. Dentro do Power BI Service altere o idioma de uso. Na barra
superior à direita clique em elipse e selecione **Settings, General** e
selecione **Selec display language** (Selecionar linguagem).

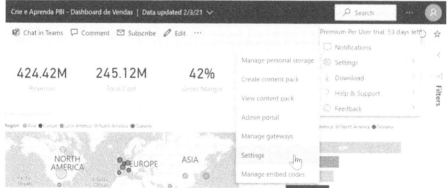

7. Na opção **General** clique em **Language,** selecione **Português** e clique em **Apply**.

8. Clique a esquerda em **Meu workspace**, **Relatórios** e selecione **Crie e Aprenda PBI – Dashboard de Vendas**.

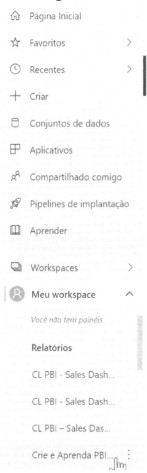

⌂ Página Inicial

☆ Favoritos   >

🕒 Recentes   >

+ Criar

🗄 Conjuntos de dados

⊞ Aplicativos

👥 Compartilhado comigo

🚀 Pipelines de implantação

📖 Aprender

🖳 Workspaces   >

👤 Meu workspace   ∧

    Você não tem painéis

    Relatórios

    CL PBI - Sales Dash...

    CL PBI - Sales Dash...

    CL PBI – Sales Das...

    Crie e Aprenda PBI...

9. Ao clicar na opção **Exportar** você poderá exportar os relatórios em **Power Point**, **PDF**, ou **imprimir**.

10. Para editar o Dashboard basta clicar em **Editar**. Para retornar, clique no **Modo de exibição de leitura**.

11. Para compartilhar seus relatórios ou inseri-los em uma página ou blog clique em **Compartilhar**, selecione **Inserir relatório** e **Publicar na Web (público).** Só utilize essa opção se você tem a intenção de compartilhar seus relatórios para o público geral.

12. Power BI criará os códigos que podem ser compartilhados ou inseridos em seu blog ou site. **Ao compartilhar seus relatórios, tenha cuidado com informações confidenciais.**

13. Parabéns você concluiu a construção de um Dashboard profissional enquanto aprendeu os principais conceitos para obtenção de dados, preparação e modelagem, criação de visuais e compartilhamento.

Próximos passos

Este livro foi criado para ensinar os fundamentos do Power BI desktop de forma prática em um curto período.

Para você continuar progredindo em sua jornada eu listei algumas opções gratuitas ou de baixo custo:

1. *Modifique o atual Dashboard*. Experimente utilizar outros tipos de gráficos, fontes, temas e visuais do marketplace. Se precisar de inspiração eu modifiquei o dashboard deste livro e este foi o resultado:

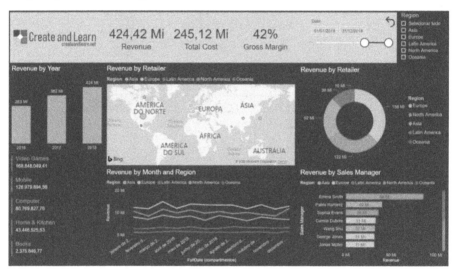

*Dica: Foi utilizado o tema **Inovar** e os dois novos visuais são o **Cartão de Linha Múltipla** e o **Gráfico de rosca**.*

2. *Tente construir o Dashboard deste livro sem ajuda*. Obtenha os dados, crie os relacionamentos, colunas e medidas calculadas, construa o dashboard e publique. Consulte o livro somente quando necessário.

3. *Espalhe a notícia*. Compartilhe seu Dashboard com colegas e em redes como o LinkedIn. Me adicione na sua rede para que eu possa comentar e conferir seu progresso, no LinkedIn você me encontrará como Roger F. Silva.

4. *Se inscreva nos meus canais* onde semanalmente são adicionados vídeos com dicas e visuais para inspiração. Visite o canal **Create and Learn – Business Intelligence**.

Youtube: youtube.com/@crieeaprenda

Facebook: facebook.com/createandlearn.net

LinkedIn: linkedin.com/company/create-and-learn/

Website: crieeaprenda.com

5. *Aprenda outras ferramentas de dados*. A série **100 páginas** possui diversas opções de aprendizado rápido e com baixo custo. Experimente novas ferramentas e conceitos, isso irá lhe ajudará no processo de se tornar um profissional completo.

6. *Não pare!* Aprender nunca foi tão acessível. Busque sites, livros, vídeos e não pare de estudar. Essa é uma excelente forma de manter um cérebro saudável e uma carreira promissora!

Obrigado

Obrigado pela jornada! Eu espero que você tenha gostado de aprender com este livro da mesma forma que eu gostei de cria-lo.

Embora a necessidade de trabalhar com dados não seja nova, os processos e ferramentas mudaram drasticamente nas últimas décadas e você tomou a decisão certa de aprender mais sobre essa área.

O que você achou deste livro? Se você gostou de aprender fazendo e se identificou com minha metodologia eu gostaria de pedir um minuto do seu tempo para avaliar este livro. Avaliações dos leitores são extremamente importantes para a continuidade do meu trabalho.

Se você tiver sugestões ou comentários me envie um e-mail ou uma mensagem no LinkedIn – Eu adoraria ter você na minha rede de contatos e acompanhar a sua jornada.

Sucesso!

Roger F. Silva

contact.createandlearn@gmail.com
crieeaprenda.com
www.linkedin.com/in/roger-f-silva

https://www.createandlearn.net/

https://www.amazon.com/Roger-F-Silva/e/B07JC8J1L5/

http://www.facebook.com/createandlearn.net

https://www.linkedin.com/company/create-and-learn

https://www.instagram.com/createandlearn_net/

https://www.youtube.com/channel/UCE4BQDcEuUE9lmCZfviSZLg/featured

Encontre mais livros da série 100 páginas, visite:

www.100paginas.com.br